BEI GRIN MACHT SICH IHR WISSEN BEZAHLT

AF153215

- Wir veröffentlichen Ihre Hausarbeit, Bachelor- und Masterarbeit

- Ihr eigenes eBook und Buch - weltweit in allen wichtigen Shops

- Verdienen Sie an jedem Verkauf

Jetzt bei www.GRIN.com hochladen und kostenlos publizieren

Extroversion/Introversion, Sensation Seeking und Zwangsstörungen. Ein persönlichkeitspsychologischer Überblick

Melanie Gebhard

Bibliografische Information der Deutschen Nationalbibliothek:

Die Deutsche Nationalbibliothek verzeichnet diese Publikation in der Deutschen Nationalbibliografie; detaillierte bibliografische Daten sind im Internet über http://dnb.d-nb.de abrufbar.

ISBN: 9783346854292
Dieses Buch ist auch als E-Book erhältlich.

© GRIN Publishing GmbH
Trappentreustraße 1
80339 München

Alle Rechte vorbehalten

Druck und Bindung: Books on Demand GmbH, Norderstedt Germany
Gedruckt auf säurefreiem Papier aus verantwortungsvollen Quellen

Das vorliegende Werk wurde sorgfältig erarbeitet. Dennoch übernehmen Autoren und Verlag für die Richtigkeit von Angaben, Hinweisen, Links und Ratschlägen sowie eventuelle Druckfehler keine Haftung.

Das Buch bei GRIN: https://www.grin.com/document/1349811

Einsendeaufgabe

Aufgabennummer:

A

Modul:

Persönlichkeitspsychologie

Studiengang:

B. A. Prävention & Gesundheitspsychologie

Verfasserin:

Melanie Gebhard

Inhaltsverzeichnis

Abkürzungsverzeichnis

ARAS	Aufsteigendes Retikuläres Aktivierendes System
DGPPN	Deutschen Gesellschaft für Psychiatrie und Psychotherapie, Psychosomatik und Nervenheilkunde
DSM	Diagnostisch Statistisches Manual Psychischer Störungen
HSS	High Sensation Seeker
MAS	Manifeste Angst Skala
MBTI®	Myers-Briggs-Typenindikator ®
SS	Sensation Seeking
SSS	Sensation Seeking Scale
STAI	State Trait Anxiety Inventory

Abbildungsverzeichnis

1 Aufgabe A1 - Persönlichkeitspsychologischer Ansatz nach Eysenck

1.1 Die drei Persönlichkeitstypen von Eysenck

Hans Eysenck wurde als Jude 1916 in Berlin geboren und emigrierte in der Zeit des Nationalsozialismus nach London. Als Direktor der psychiatrischen Klinik der Londoner Universität entwickelte er 1953 das zweidimensionale Temperamentskonzept.

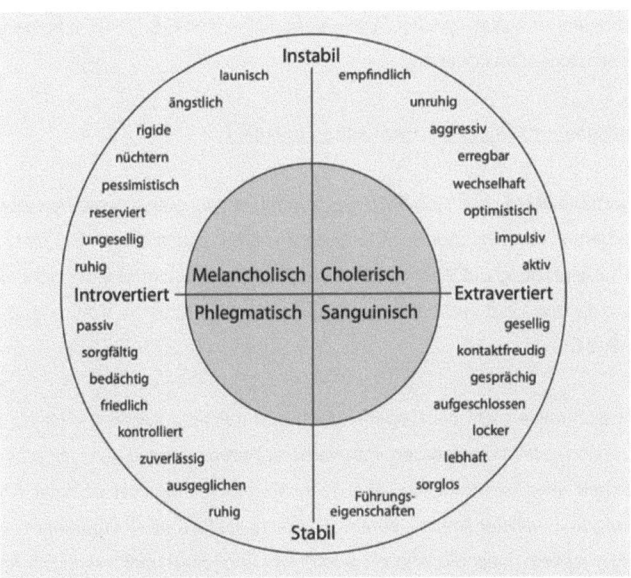

Abbildung 1:   Das zweidimensionale Temperamentskonzept von Eysenck

(Quelle: Asendorpf, 2019, S. 35)

Durch die Zweidimensionalität der Faktoren entstanden vier grundlegende Persönlichkeitstypen. Diese vier Persönlichkeitstypen beziehen sich auf den griechischen Arzt Galen (Galenos von Pergamon, ca. 130 - 200). Er bezog die Temperamentsunterschiede zwischen Menschen auf die Gesundheitslehre Hippokrates (460 – 377 v. Chr.), wonach Gesundheit auf der Balance von vier Körpersäften beruhe – Blut, Schleim, gelbe und schwarze Galle. Galen ordnete dem Vorherrschen eines dieser vier Körpersäfte die Temperamentstypen Sanguiniker, Phlegmatiker, Choleriker und Melancholiker zu. Wilhelm Wundt erweiterte um 1900 diese Typenlehre zu einem Zweidimensionalen Modell mit den Dimensionen „Stärke der Gemütsbewegungen" und „Schnelligkeit des Wechsels der Gemütsbewegungen". Eysencks Dimension Extraversion mit den Polen

„extravertiert – introvertiert" entspricht Wundts „Stärke der Gemütsbewegungen". (Asendorpf, 2019, S. 34-35)

Später fügte Eysenck noch eine dritte Dimension hinzu, die als Psychotizismus bezeichnet wurde, empirisch aber weniger gut abgesichert werden konnte als die beiden anderen. (Schmithüsen & Krampen, 2015, S. 295)
Bei diesen Dimensionen sind die beiden Pole jeweils Extremausprägungen und stellen eine normabweichende Ausprägung dar. Sie können somit für psychische Störungen prädisponierend wirken. (Maltby, Day, & Macaskill, 2011, S. 314) Im Folgenden werden die Dimensionen beschrieben.

<u>Extraversion – von innen vs. nach außen orientiert</u>

Extravertierte Menschen sind freizügig, kommunikationsfähig, weltoffen lebhaft und aktiv. Sie gehen, ohne zu zögern und eigenständig durch das Leben. Ein Mensch mit einer starken Ausprägung auf dieser Dimension Richtung Extraversion ist nicht immer zuverlässig, eher dominant und hat seine Gefühle nicht immer unter Kontrolle. (Maltby et al., 2011, S. 312).

Introversion sollte nicht als Gegensatz zu Extraversion, sondern eher als Fehlen von Extraversion verstanden werden. Introvertierte Personen erledigen Dinge oft lieber allein und wirken eher verschlossen, aber nicht wegen mangelnder sozialer Kompetenzen oder aufgrund sozialer Ängste, sondern einfach, weil sie es oft vorziehen, allein und unabhängig zu sein. Deshalb sind sie auch nicht unbedingt unglücklich. Es fehlt ihnen lediglich das Bedürfnis nach Geselligkeit und die zugewandte Herzlichkeit der Extravertierten. (Neyer & Asendorpf, 2018, S. 142)

Nach Meinung von Eysenck sind Unterschiede in Erregungssensibilitäten des Nervensystems wichtig für das Ausleben von Extra- bzw. Introversion. Introvertierte haben, seiner Meinung nach, eine niedrige Schwelle für Erregung, was sie empfindlicher für äußere Reize macht und somit chronisch eher überaktiviert sein lässt. Extravertierte haben dagegen eine geringere Schwelle, was sie unempfindlicher macht und eher nach Stimulation suchen lässt. Bei Introvertierten kommen demnach starke Erregungs-, aber schwache Hemmungsprozesse vor, bei Extravertierten genau umgekehrt schwache Erregungs-, aber starke Hemmungsprozesse. Somit sind Introvertierte eher gerne allein, damit sie eine als negativ empfundene Überstimulation vermeiden können. Da Extravertierte äußere Stimulation aber als positiv empfinden und sie eher zu wenig davon haben

5

suchen sie gezielt Umweltreize. Die optimale Ausprägung an Stimulation bzw. Erregung wird als hedonischer Tonus bezeichnet. Zuviel oder zu wenig von diesem hedonischen Tonus wird als unangenehm empfunden. Somit können Extra- und Introvertierte anhand ihres hedonischen Tonus unterschieden werden. Bei Extravertierten liegt er viel höher als bei Introvertierten. Diese unterschiedlichen Erregungssensibilitäten führte Eysenck auf das aufsteigende retikuläre aktivierende System des Hirnstamms (ARAS) zurück. (Rauthmann, 2017, S. 359)

Neurotizismus – stabil vs. emotional instabil

Eysenck bezeichnet emotional instabile Personen als Neurotiker. Er sagt, dass es diverse Typen von neurotischem Verhalten gibt. Personen mit ausgeprägtem Neurotizismus können zum Beispiel eine unbegründete Furcht vor bestimmten Gegenständen, Orten, Tieren oder Menschen haben. Andere wiederum zeigen vielleicht zwanghafte Symptome oder sind impulsiv. Das Hauptmerkmal des Neurotizismus ist, dass die Person ein der Realität der Situation unangemessenes Maß an Angst oder Furcht zeigt. (Maltby et al., 2011, S. 313).

Eysenck ging auch hier davon aus, dass Unterschiede in Erregungssensibilitäten emotionsverarbeitender Systeme wichtig für Neurotizismus seien. Neurotische Personen hätten eine herabgesetzte Erregungsschwelle. Dadurch sind sie schneller erregbar und ihre emotionale Reaktionsbereitschaft ist verstärkt. Laut Eysenck dient hier das limbische System als neuroanatomische Basis. Dieses wird vor allem bei bedrohlichen und emotional belastenden Reizen aktiviert. (Rauthmann, 2017, S. 361)

Psychotizismus – freundlich und rücksichtsvoll vs. aggressiv und asozial

Nach Eysenck gibt es innerhalb der Gruppe der Neurotiker eine Untergruppe, die frei von Angst und Furcht ist. Diese Abgrenzung der Psychopathen und Personen mit schweren psychischen Störungen innerhalb der Gruppe der Neurotiker führte Eysenck schließlich zur Identifikation des Persönlichkeitstyps Psychotizismus. Psychopathen verhalten sich antisozial und scheinen unfähig, die Konsequenzen ihrer Handlungen zu verantworten, außer wenn es darum geht, mögliche Bestrafungen zu entgehen. Sie sind gewissenlos und zeigen niemals Reue für getane Dinge. Sie freuen sich, wenn sie andere Menschen lächerlich machen können. Aggressivität, Egozentrik, Hartherzigkeit und Impulsivität sind weitere Eigenschaften, welche ihnen zugeschrieben werden können.

Gemäß Eysenck sind Genies hochgradig kreative Menschen und haben oft sehr hohe Werte in der Dimension Psychotizismus. Viele mit dieser Ausprägung assoziierten Persönlichkeitseigenschaften helfen bei einer entsprechenden beruflichen Laufbahn. Egozentrismus zum Beispiel wertet die eigenen Bedürfnisse stets höher als die der anderen. Hartherzigkeit hilft beim Durchsetzen der eigenen Ziele ohne Rücksicht auf andere Umstände oder Personen. Durch Uneinfühlsamkeit spielen Emotionen und Probleme keine Rolle für das eigene Verhalten. (Maltby et al., 2011, S. 314-315)

1.2 Bedeutung des Persönlichkeitsmodell von Eysenck in der Gegenwart

Physiologische Zusammenhänge von Extra- und Introversion konnten für phasische Hautleitfähigkeitsmasse der Sympathikusaktivierung nachgewiesen werden. (Becker & Zwank, 2021, S. 35-36) Unter dem Begriff Hautleitfähigkeit versteht man die elektrische Leitfähigkeit der Haut, die beim Anlegen einer niedrigen elektrischen Spannung gemessen werden kann. Diese Leitfähigkeit ist nicht konstant, sondern variiert aufgrund einer Reihe äußerer Reize, sowie physischer und psychischer Vorgänge.

Physiologische Zusammenhänge von Neurotizismus konnten bisher nicht vollständig nachgewiesen werden. Es wurde bisher kein Beweis erbracht, dass Neurotizismus überhaupt mit physiologischen Aktivierungsprozessen in Zusammenhang steht. Heutige Studien betrachten bestimmte limbische Unterstrukturen, da sehr viele verschiedene Bereiche zum limbischen System zählen. Neurotizismus kann nicht mit dem ganzen System in Verbindung gebracht werden, sondern allenfalls mit diesen gewissen Unterstrukturen.

Eysenck selbst arbeitete die biologische Basis von Psychotizismus kaum aus. Spätere Untersuchungen fanden Zusammenhänge mit dem Serotonin- und Testosteronspiegel, aber es wurden keine fest umschriebenen neuroanatomischen Systeme wie das ARAS oder das limbische System vorgeschlagen. (Rauthmann, 2017, S. 361)

Somit kann man zusammenfassend sagen, dass Eysenck die faktorenanalytische Persönlichkeitsforschung stark vorangebracht hat. Seine Messinstrumente gelten als gut validiert und sind zum Teil auch heute noch im Einsatz. Die Nutzung dieser Instrumente ist in den letzten Jahren jedoch zurück gegangen und es werden mehr und mehr die Big Five-Skalen genutzt. (Rauthmann, 2017, S. 250).

1.3 Erläuterung einer aktuellen und in der praktischen Personalarbeit verbreiteten Persönlichkeitstypologie

Laut Hossiep & Weiß (2017, S. 168-170) kam bei einer Erhebung unter den 550 umsatzstärksten deutschen Unternehmen heraus, dass der Myers-Briggs-Typenindikator (MBTI®) bei den zehn am weitesten verbreiteten Persönlichkeitstests an erster Stelle steht.

Das Ziel von Katharine Myers (1875-1968) und Isabel Briggs Myers (1897-1980), den beiden Entwicklerinnen dieses Typenmodells, war es einen Indikator zu erarbeiten, welcher auf Carl Gustav Jungs (1875-1961) theoretischen Überlegungen zu den Persönlichkeitseigenschaften aufbaute. Das MBTI®-Verfahren arbeitet nicht mit Eigenschaftsmodellen, sondern mit Präferenzaussagen. (Achouri, 2015, S. 79) Der Begriff Präferenz im normalen Alltag drückt zum Beispiel aus, mit welchem Arm wir als erstes in die Jacke schlüpfen oder aber welche Hand beim Verschränken der Arme oben gehalten wird. Durch dieses natürliche Verhalten kann schnell und ohne großes Nachdenken gehandelt werden. Auch als Persönlichkeit wird natürliches Verhalten bevorzugt. Diese Präferenzen bestimmen, zu welchem Persönlichkeitstyp jemand zugeordnet wird. (Lorenz & Oppitz, 2007, S. 10-11)

Der MBTI® wird genutzt, um die Zusammenarbeit innerhalb der Kollegschaft zu stärken, Arbeitsstile zu harmonisieren, Veränderungen innerhalb eines Unternehmens voranzubringen und die Wege der Kommunikation zu verbessern. Außerdem wird er noch für die Persönlichkeitsentwicklung von Führungskräften genutzt. (Lorenz & Oppitz, 2007, S. 35)

Innerhalb dieses Tests werden vier Grundpräferenzen unterschieden, deren Ausprägung zwar jeder Mensch nutzt, allerdings in unterschiedlicher Qualität. Diese Ausprägungen werden auch Dimensionen genannt. Der Test beinhaltet ca. 100 Fragen und mit diesem können Menschen herausfinden, welche Ausprägung der vier Dimensionen am besten auf sie zutrifft. Die Kombination dieser vier Ausprägungen ergibt dann einen gewissen Persönlichkeitstyp. Somit kann beispielsweise aufgezeigt werden, welche Aufgaben der jeweiligen Arbeitskraft am besten liegt oder auch wie Interaktion zwischen Teammitgliedern besser funktionieren kann. (Hungenberg & Wulf, 2021, S. 249)

Im Folgenden werden einige Charakteristika von Menschen mit den jeweiligen Ausprägungen aufgeführt. (Lorenz & Oppitz, 2007, S. 19-27)

Extraversion versus Introversion

Hier wird die Präferenz für die Energiequelle eines Menschen gemessen. Personen mit der Präferenz Extraversion konzentrieren sich mehr auf die Außenwelt. Sie mögen Vielfalt und Tätigkeit und genießen Interaktionen mit Menschen. Neue Aufgaben lernen sie durch Reden und Tun. Sie teilen offen ihre Gedanken mit und legen Wert auf Rückmeldung. Im beruflichen Zusammenhang sind sie oft die treibende Kraft.

Personen mit der Präferenz Introversion beschäftigen sich sehr mit ihrer Innenwelt. Sie mögen eine ruhige Umgebung, um sich konzentrieren zu können und genießen es, sich auf ein Projekt oder eine Aufgabe zu konzentrieren. Sie lernen neue Aufgaben durch Lesen und Nachdenken. In der Kommunikation bevorzugen sie den schriftlichen Austausch, in Besprechungen bringen sie ihre Ideen mit Worten ein, welche sie vorher genau bedacht haben.

Empfinden (Sensing) versus Intuition

Mit der zweiten Dimension wird die Aufnahme von Informationen gemessen. Personen mit der Präferenz Empfinden konzentrieren sich auf unmittelbare Themen und sammeln Tatsachen, um zu Schlüssen zu gelangen. Sie nutzen eigene Erfahrungen und auch die anderer. Sie bevorzugen es, Informationen exakt aufzunehmen, sie beobachten genau und erfassen die Details. Wichtig ist es ihnen, Theorien auf ihre Anwendbarkeit hin zu überprüfen.

Personen mit der Präferenz Intuition folgen ihren Eingebungen, sie folgen ihrem „sechsten Sinn". Sie erfassen eher den Gesamtzusammenhang und mögen allgemeine Konzepte. Sie bevorzugen Veränderungen und neue Arbeitsweisen.

Denken (Thinking) versus Fühlen (Feeling)

Welche Art der Entscheidungsfindung bevorzugt wird, kommt in der dritten Dimension zum Ausdruck. Personen mit der Präferenz Denken (Thinking) entscheiden analytisch. Sie handeln vernünftig und logisch nachvollziehbar. Sie konzentrieren sich auf ihre Aufgaben und wenden Prinzipien konsequent an. Auch achten sie auf Fairness und Gleichbehandlung.

Personen mit der Präferenz Fühlen (Feeling) entscheiden gefühlsmäßig und „aus dem Bauch heraus". Sie konzentrieren sich auf die Interaktion zwischen Menschen, verwenden Werte zum Verstehen und Entscheiden und wenden diese Werte konsequent an.

Die vierte und letzte Dimension gibt die Einstellung zur Außenwelt wieder. Personen mit der Präferenz Urteilen (Judging) wollen ihre Arbeit planen und den Plan befolgen. Sie haben Dinge gerne erledigt und fertig und ziehen Schlussstriche durch schnelle Entscheidungen. Sie gehen systematisch und methodisch vor und konzentrieren sich auf die Ziele und Ergebnisse.

Personen mit der Präferenz Wahrnehmen (Perceiving) wollen flexibel arbeiten, sind gerne spontan; lassen Dinge möglichst lange offen. Sie wollen das Leben erleben und verstehen, statt es zu steuern. Sie schöpfen Energie aus Zeitdruck, erleben Stress als positiv und genießen die Momente im Leben.

Das MBTI®-Profil erlaubt somit Aussagen zu den Stärken eines Menschen und seiner bevorzugten Problemlösungsstrategie. (Lorenz & Oppitz, 2007, S. 77)

Mit ihm steht ein Instrument zur Verfügung, dass die Persönlichkeit dynamisch und entwicklungspsychologisch betrachtet. Er wurde mit dem Ziel entwickelt, Menschen zu helfen, sich bezüglich ihrer Persönlichkeit zu positionieren und Entwicklungsbereiche zu definieren. So lässt sich aus jedem MBTI®-Profil eine Rangfolge erkennen, wie Menschen ihre Präferenzen nutzen und bevorzugt entwickelt haben. (Simon, 2007, S. 100)

1.4 Diskussion: Wissenschaftlichkeit und Anwendbarkeit des MBTI® in der Aus- und Weiterbildung

Der MBTI® erfasst 16 Persönlichkeitstypen. Da die Vielschichtigkeit menschlichen Verhaltens allerdings sehr hoch ist, sind somit keine detailgenauen Einschätzungen möglich. Der MBTI® ist nicht für die Personalauswahl geeignet. (Becker & Zwank, 2021, S. 36)

Da Jungs Konzepte neueren Erkenntnissen nicht genügen und auch die Messung von Persönlichkeitstypen nicht empfehlenswert ist, wird der MBTI® kontrovers diskutiert. Auch aufgrund zahlreicher Mängel theoretischer und messtechnischer Natur, vor allem in Validität und Reliabilität, ist er nicht genügend für wissenschaftliche und angewandt-diagnostische Zwecke in seriöser persönlichkeitspsychologischer Forschung zu verwenden. (Rauthmann, 2017, S. 94)

Es wird ersichtlich, dass auch diese häufig genutzten und in der Literatur thematisierten Persönlichkeitstests Schwachstellen haben, welche die jeweiligen Grenzen des Testeinsatzes markieren. Daraus lässt sich die These ableiten, dass es nicht den einen, universell einsetzbaren Persönlichkeitstest gibt. Jeder Test muss situativ nach individuellen Parametern konstruiert werden, um die von den Testautoren gewünschten Ergebnisse zu erzielen. (Pätzmann & Genrich, 2020, S. 3)

Eine Präferenz sagt nur etwas darüber aus, welche Verhaltensweise in der Regel einfacher und natürlicher ist. Eine Aussage über die Qualität oder Stärke einer Präferenz nach dem Motto „zu viel" oder „zu wenig" oder gar „gut" oder „schlecht" ist nicht möglich – gerade so wie man nicht sagen kann, dass jemand „zu viel Rechtshänder" ist. Die Beschreibung von Präferenzen eignet sich also nicht, um eine Aussage über den Erfolg oder die Qualität einer geforderten Eigenschaft eines Menschen zu treffen. Der MBTI® ist deshalb auch kein Auswahl-, sondern ein Entwicklungswerkzeug. (Lorenz & Oppitz, 2007, S. 16)

2   Aufgabe A2 – Sensation Seeking

2.1   Erklärung des Begriffs „Sensation Seeking"

Zuckerman entwickelt in den 1960er Jahren das Konstrukt Sensation Seeking (SS). Er fasst SS als ein Persönlichkeitsmerkmal auf und definiert es wie folgt: „Sensation Seeking is a trait defined by seeking for varied, novel, complex, and intensive sensations and experiences, and the willingness to take physical, social, legal and financial risks for the sake of such experiences." Es beschreibt also das Bedürfnis nach neuen, komplexen und intensiven Reizen sowie die Bereitschaft, Risiken beim Aufsuchen solcher Reize in Kauf zu nehmen. (Roth & Hammelstein, 2003, S. 1)

SS weist Überschneidungen mit Impulsivität auf und hohe Werte im SS wurden mit diversen disinhibierten Verhaltensweisen in Verbindung gebracht, z. B. exzessiver Alkohol- und Drogenkonsum und deliquentes Verhalten. (Hensch & Strobel, 2020, S. 201)

Maßgeblicher Inhalt dieses Konzepts ist die Vorstellung, es gebe ein „optimales Niveau" der Stimulation oder auch Aktivierung (Arousel). Wenn Personen zu wenig von außen kommenden Stimuli erfahren, suchen sie aktiv nach solchen Stimuli. Bei einer Reizüberflutung von außen jedoch reagiert die Personen mit Rückzug. Es wird also versucht, eine „Mittellage" von Ruhe und Stimulation zu finden. (Möller & Huber, 2003, S. 5-6)

2.2 Die Sensation Seeking Scale (SSS) – Beschreibung einer Person mit hohen Werten auf der SSS

Die folgenden Ausführungen beruhen auf dem Internetauftritt vom Forschungszentrum für Suchtfragen der Universität von Wisconsin-Madison (Addiction Research Center, 2023) Die SSS ist ein vierzig Punkte umfassender Fragebogen. Sie beinhaltet die vier Hauptskalen Enthemmung, Anfälligkeit für Langeweile, Nervenkitzel- und Abenteuersuche und Erlebnissuche und einen Gesamtwert. Die 40 Items haben jeweils zwei Optionen, von denen der Teilnehmer eine auswählen muss. Die Beschreibung der Skalen wird im Folgenden aufgeführt.

Thrill and Adventure Seeking – Nervenkitzel und Abenteuerlust (SSS_THR)

Diese Skala enthält Items, die den Wunsch ausdrücken, an Sport oder anderen Aktivitäten teilzunehmen, die mit Geschwindigkeit oder Gefahr verbunden sind.

Experience Seeking – Suche nach Erfahrung (SSS_EXP)

Diese Skala repräsentiert das Streben nach Erfahrungen durch Geist und Sinne, Reisen und einen nicht konformen Lebensstil.

Disinhibition – Enthemmung (SSS_DIS)

Diese Skala repräsentiert den Wunsch nach sozialer und sexueller Enthemmung, der sich in geselligem Trinken, Feiern und Abwechslung bei Sexualpartner ausdrückt.

Boredom Susceptibility – Anfälligkeit für Langeweile (SSS_BOR)

Diese Skala repräsentiert eine Abneigung gegen Wiederholung, Routine und langweilige Menschen sowie Unruhe, wenn sich die Dinge nicht ändern.

Personen mit hohen Werten auf der SSS sind ständig auf der Suche nach starken Gefühlen, neuen Erfahrungen und interessanten Entdeckungen. Sie suchen stimulierende Erfahrungen um sensorische, kognitive oder emotionale Stimulation zu erreichen. So werden zum Beispiel bewusst gefährliche Situationen gesucht, um die Emotion „Angst" zu erzeugen. (Beauducel & Roth, 2003, S. 128)

Laut Möller & Huber, (2003, S. 8-10) neigen Sensation Seeker zu Impulsivität und sind wenig ängstlich. Sie tendieren zu extravertiertem und überaktiven Verhalten und zeigen dabei auch antisoziale Verhaltensweisen. Zuckerman fand in Untersuchungen heraus, dass es einen Zusammenhang zu Hypomanie gibt. Demzufolge haben Sensation Seeker eine gehobene Grundstimmung, einen gesteigerten Antrieb, ein übermäßig großes Selbstwertgefühl und es besteht eine erhöhte Risikobereitschaft. Außerdem steht SS in negativer Beziehung zu der Eigenschaft „Selbstkontrolle". Dafür hat ein Sensation Seeker ein kreatives Potenzial.

Menschen mit hohen Werten auf der SSS werden auch als High Sensation Seeker (HSS) bezeichnet. Sie sind auf die äußeren Reize und Stimuli angewiesen, da ansonsten aufgrund ihres niedrigen Erregungsniveaus kein Gefühl der Lebendigkeit und der Ausgeglichenheit entstehen kann. HSS möchten unabhängig von anderen sein und brauchen Veränderung. Die soziale Umgebung wird eher zur Selbstdarstellung genutzt. Es besteht generell eine hohe Risikobereitschaft. Diese besteht in physischen, sozialen und finanziellen Dingen und ist ein zwingendes Merkmal von HSS.

2.3 Diskussion: Implikationen, welche sich für die Besetzung von Geschäftsführungspositionen und Bewerbern mit hohen Werten auf der „Sensation Seeking Scale" ergeben

In einer Metaanalyse von Barrick, Mount, & Judge, (2001, S. 9, zitiert nach Kanning, 2019, S. 99) sind sowohl die Gewissenhaftigkeit als auch die Extraversion aus den Big Five bedeutsame Persönlichkeitsmerkmale für Manager*innen. Die Leistung der Manager*innen steigt mit zunehmender Gewissenhaftigkeit und Extraversion an. Ebenfalls hilfreich sind eine emotionale Stabilität, Offenheit und soziale Verträglichkeit.

Laut Kanning (2019, S. 100-103) gibt es zahlreiche spezifische Persönlichkeitsmerkmale, die für das Scheitern von Managern*innen verantwortlich gemacht werden können. Gerade die Integrität spielt eine wichtige Rolle, da sie sich auf die Frage bezieht, inwieweit eine Person vertrauenswürdig sein kann und ob sich an gesellschaftliche Normen und Regeln gehalten werden kann. Wenn Geschäftsführer*innen Gelder unterschlagen, bestechlich sind oder Geschäftsgeheimnisse weitergeben, kann das negative Folgen für ein Unternehmen haben.

Diese Delinquenz in Zusammenhang mit SS wurde schon von Schmidt (2003, S. 214-231) beschrieben. In vielen Studien die delinquente und nicht-delinquente Stichproben untersuchten zeigte sich, dass sowohl jugendliche als auch erwachsene delinquente Personen höhere Sensation-Seeking-Werte aufwiesen als nicht-delinquente bzw. strafrechtlich nicht-verurteilte. (Schmidt, 2003, S. 221)

Personen mit hohen Werten auf der SSS haben eine höhere Bereitschaft zu Innovation, allerdings gehört die Bereitschaft schwer kalkulierbare Risiken einzugehen auch dazu. Da Sensation Seeker schnell zu Langeweile neigen, wenn sie keine Herausforderungen haben, kann ein schneller Wechsel der Arbeitsplätze folgen. Eine Geschäftsführung sollte jedoch eine gewisse Kontinuität haben, um den Erfolg eines Unternehmens sicherzustellen. Ebenso neigen sie zu einem für ein Unternehmen unvorteilhaftem Verhalten, wenn sie sich nicht tiefergehend mit Problemsituationen auseinandersetzen. Ein starkes Bedürfnis nach rationalem Denken relativiert diese negativen Auswirkungen jedoch. Menschen mit hohen Werten im SS können als Geschäftsführer eingesetzt werden, solange sie sich tiefgehend mit Problemen, Aufgaben und Entscheidungen auseinandersetzen und sie durchdenken. (Kanning, 2019, S. 105)

3 Aufgabe A3 – Angststörungen, Zwangsstörungen und zwanghafte Persönlichkeitsstörungen

3.1 Definition und Messmöglichkeiten von Ängstlichkeit

Morschitzky (2009, S. 1) definiert Angst als einen zentralen und normalen Gefühlszustand, welcher auf die Zukunft gerichtet ist. Als normale Reaktion soll sie Menschen vor Gefahr schützen. Sie ist als biologisches Alarmsignal zu sehen. Ähnlich Fieber oder Schmerz soll sie das Überleben sichern. Da die Angst zu den Grundbefindlichkeiten gehört gibt es keine völlige Angstfreiheit. Man kann nur mehr oder weniger angstfrei sein.

Bei Angst handelt es sich um ein emotionsbezogenes Persönlichkeitsmerkmal. Es wird unterschieden, ob es sich um einen vorübergehenden Zustand (State) oder eine stabile Verhaltensdisposition (Trait) handelt. Diese beiden Zustände bedingen sich oft gegenseitig. Die Verhaltensdisposition State beschreibt temporäre Zustände von Aktiviertheit, Entspannung, guter oder schlechter Stimmung, Freude, Angst, Ärger etc. – also ein Befinden. Trait beinhaltet eine relative Breite und zeitliche Disposition zu bestimmten Verhaltensweisen. „Ich bin ein ängstlicher Mensch" ist demzufolge ein Trait, also eine überdauernde Eigenschaft und „Ich habe Angst" bezeichnet einen Zustand, ein Befinden – also ein State. Es wird bei State und Trait auch von einem Kontinuum gesprochen, welches von „sehr stabil bis sehr variabel" reicht. Angst ist somit eine emotionale Befindlichkeit, wenn es sich um einen temporären Zustand handelt. (Schmidt-Atzert, Krumm, & Amelang, 2022, S. 361-362)

Um Angst bzw. Ängstlichkeit messen zu können, gibt es verschiedene Verfahren. Als globale Eigenschaft wird sie durch die Skala zur Erfassung manifester Angst (MAS) oder durch die Trait-Angst-Skala aus dem State Trait Anxiety Inventory (STAI) erfasst. Für klinische und therapeutische Zwecke wurden Angstskalen konstruiert, mit denen weniger die Intensität der Angst, sondern mehr die Häufigkeit von Angstsymptomen erfasst wird. (Dorsch, 2023)

Allen gleich ist die Selbstbeurteilung durch Ankreuzen von Items. Daher weisen sie einige Gemeinsamkeiten mit Persönlichkeitsfragebögen auf. Der Unterschied ist, dass die Retest-Reliabilität niedriger ausfallen muss, da das Befinden sehr stark von der jeweiligen Situation abhängig ist.

Das State-Trait-Angstinventar (STAI) wurde 1981 entwickelt und ist die deutschsprachige Version des State-Trait-Anxiety-Inventory von Spielberger aus dem Jahr 1968. Es beinhaltet eine Skala zur Messung von Angst als Zustand (Trait) und eine Skala zur Messung von Angst als Eigenschaft (State). Beide Skalen beinhalten je 20 Items, welche auf einer vierstufigen Skala von „überhaupt nicht bis sehr" (State) bzw. von „fast nie bis immer" (Trait) zu beantworten sind. Ein Teil der Fragen ist also in Richtung Angst und der andere Teil ist in Richtung Ängstlichkeit formuliert. Den State-Anteil sollen die Probanden so beantworten, wie sie sich jetzt in dem Moment fühlen und für den Trait-Anteil soll so angekreuzt werden, wie sie sich im Allgemeinen fühlen. Ersterer Anteil soll stets vor der Trait-Variante ausgefüllt werden.

Das Angstkonzept von Spielberger ist international bekannt und wird gerne für Forschungszwecke eingesetzt. Das Angstkonzept konzipiert Angst allerdings als einen unspezifischen negativen Zustand und ist daher auch Kritik ausgesetzt. Es beinhaltet, dass Angst auch durch das Fehlen von positiven Gefühlen gemessen werden soll. Spielberger bezieht sich in dem Punkt sehr stark auf Freud, welcher Angst als einen unangenehmen Zustand charakterisiert. Es gibt aber auch noch andere unangenehme Zustände wie zum Beispiel Ärger, Scham oder Ekel, welche keine positiven Gefühle beinhalten. Das Fehlen positiver Gefühle ist also nicht spezifisch für Angst. Auch andere Items wie zum Beispiel:

„Ich neige dazu alles schwer zu nehmen" könnten ebenso in einem Neurotizismus- oder Depressionsfragebogen stehen. (Schmidt-Atzert et al., 2022, S. 361-363)

3.2 Abgrenzung einer Zwangsstörung von einer zwanghaften Persönlichkeitsstörung

Die Zwangsstörung tritt häufig zusammen mit Angsterkrankungen und Depressionen auf und wird als „ich-dyston" also persönlichkeitsfremd erlebt. Es wird versucht die Ängste durch Zwänge zu bewältigen. Zwang bezeichnet hier lebensbeeinträchtigende Gedanken, Vorstellungen, Impulse und Handlungen, welche sich immer wieder aufdrängen, obwohl man sie loslassen möchte. Zwänge werden in zwei große Gruppen aufgeteilt. Eine Gruppe beinhaltet Zwangsgedanken, -befürchtungen, -impulse und die andere Gruppe beinhaltet die Zwangshandlungen. Bestimmte Personen, Objekte oder Situationen lösen bestimmte Zwangsgedanken aus, die dann zu Zwangshandlungen führen. Diese Zwangsgedanken treten vermehrt unter Stressbelastungen auf. Zwangsauslösende Reize werden versucht zu vermeiden. Hierbei werden aktive und passive Vermeidung unterschieden. Die passive Vermeidung beinhaltet das Ausweichen vor allem, was zu einer Bedrohung werden und somit zu aktiven Vermeidungsverhalten führen könnte. Die aktive Vermeidung wird auch als Neutralisation bezeichnet und umfasst kognitive Komponenten wie zum Beispiel grübeln oder Zählrituale. Es wird alles immer wieder in Gedanken durchgegangen und es werden Gegengedanken und -bilder entwickelt. Ebenfalls umfasst die Neutralisation auch eine motorische Komponente. Diese beinhaltet zum Beispiel den Waschzwang, saubermachen und aufräumen. (Morschitzky, 2009, S. 106)

Zwangshandlungen bzw. neutralisierende Verhaltensweisen werden oft nach eigenen aufgestellten Regeln und immer wieder in der gleichen Form ausgeführt. Die Personen werden mit einem Gefühl der Erleichterung belohnt, welches jedoch nur kurz anhält. Sie gehen fest davon aus, dass ihre Angst größer werden würde, wenn sie ihr Ritual nicht durchführen. Bei näherem Hinsehen erkennen die Personen ihre eigenen Zwangsgedanken und -handlungen als sinnlos und übertrieben an. Es gibt außerdem so genannte verdeckte Zwangshandlungen. Dies bedeutet, dass die Person eine Information dementsprechend umgestaltet, dass zum Beispiel das absichtliche Denken eines positiven Gedankens auf einen unangenehmen Zwangsgedanken folgt. (Salkovskis, Ertle, & Kirk, 2019, S. 68)

Die zwanghafte Persönlichkeitsstörung wird auch als anankastische Persönlichkeitsstörung bezeichnet und kommt bei circa 1 Prozent der Normalbevölkerung vor. Anankasten haben ein sehr hohes Bestreben nach Ordentlichkeit, Perfektionismus und Kontrolle. Sie ist eine angstbezogene Persönlichkeitsstörung und ist gekennzeichnet durch die ständige Beschäftigung mit Ordnung, Perfektion und Kontrolle. Zwangsgedanken und Zwangshandlungen fehlen jedoch. Die zwanghafte Persönlichkeitsstörung wird auch als „ich-synton", also zur Persönlichkeit passend erlebt. Es besteht eine lebenslange, seit der Jugend ausgebildete Störung der gesamten Persönlichkeit mit im folgenden beschriebenen Merkmalen. (Morschitzky, 2009, S. 122)

3.3 Merkmale der zwanghaften Persönlichkeitsstörung

Menschen, die an einer zwanghaften Persönlichkeitsstörung leiden sind unentschlossen und haben oft eine große Unsicherheit. Sie beschäftigen sich ständig mit Details, Regeln, Listen und Plänen. Sie haben keine Zeit für Vergnügen und Sozialkontakte da sie durch übertriebene Gewissenhaftigkeit und unverhältnismäßige Leistungsbezogenheit gekennzeichnet sind. Ihre übertriebene Pedanterie geht einher mit einer geringen Fähigkeit zum Ausdruck warmer Gefühle. Sie beharren auf Unterordnung der anderen unter die eigenen Gewohnheiten. (Morschitzky, 2009, S. 122)

In dem Diagnostischen und Statistischem Manual Psychischer Störungen (DSM) werden folgende Merkmale einer Zwanghaften Persönlichkeitsstörung beschrieben: Anankasten nehmen sich oft zu viele Aufgaben vor, welche sie alle in größtmöglicher Perfektion ausführen. Dieser Perfektionismus verhindert jedoch häufig die Aufgabenerfüllung, da die Zeit nicht ausreicht. Sie arbeiten alles zu sehr im Detail aus, beschäftigen sich übermäßig mit der Organisation von Dingen und Regeln. Oft verschreiben sie sich nur der Arbeit und für Freizeitaktivitäten bleibt keine Zeit mehr. Sie sind sehr pedantisch in Fragen von Moral, Ethik oder Werten. Verschlissene und wertlose Dinge können nicht weggeworfen werden. Anankasten machen lieber alles selbst, da andere Menschen nicht so arbeiten, wie sie es gerne haben wollen. Sie sind sehr sparsam mit Geld und insgesamt sehr halsstarrig und beharren auf ihrer Meinung. Es müssen vier oder mehr der eben beschriebenen Kriterien zutreffen, um die Diagnose einer zwanghaften Persönlichkeitsstörung stellen zu können. (Maltby et al., 2011, S. 826)

3.4 Behandlung der Zwangsstörung bzw. der zwanghaften Persönlichkeitsstörung

Im Bereich der Verhaltenstherapie wird in der S3-Leitlinie Zwangsstörungen der Deutschen Gesellschaft für Psychiatrie und Psychotherapie, Psychosomatik und Nervenheilkunde (DGPPN) die „Kognitive Verhaltenstherapie mit Exposition" als Behandlungsmethode empfohlen. Zunächst erfolgt eine Verhaltensanalyse. In dieser wird herausgearbeitet, in welchen Situationen die Zwänge auftreten und welche Gedanken und Gefühle dabei auftreten. Weiter wird geschaut, welche Methoden helfen können, die auftretenden Zwangsgedanken oder den Impuls zur Zwangshandlung früh genug zu erkennen, um sie möglichst nicht auszuführen. Als Hilfe zur Umsetzung erfolgt die therapeutenbegleitete Exposition. Diese setzt es sich zum Ziel, die zwangsauslösenden Situationen aufzusuchen und die typischen Zwangshandlungen dazu nicht mehr auszuführen. Mit der Dauer der Wiederholungen verringert sich die Angst durch den Gewöhnungseffekt immer mehr. Somit lernt die zwangskranke Person, dass die zuvor als sehr gefährlich eingestuften Situationen nun ohne Angst erlebt werden. Die wird auch als Inhibitionslernen bezeichnet. (Deutsche Gesellschaft Zwangserkrankungen e.V., 2023)

Eine Konfrontationstherapie kann nur erfolgreich sein, wenn einige Aspekte beachtet werden. So darf, um die benötige Motivation zur Therapie aufzubauen, kein Druck aufgebaut werden seitens des Therapierenden. Es kann passieren, dass sich der oder die Zwangskranke fremdgesteuert fühlt und entsprechend keine eigenständige Entscheidung zur Therapie trifft. Eine Konfrontationstherapie setzt aber den freien Entschluss voraus. Eine gute Beziehung zwischen Patient*in und Therapeut*in ist eine unbedingte Voraussetzung. Die therapierende Person muss gut erklären können, wie Zwänge entstehen und was sie aufrechterhält. Es muss eine detaillierte Verhaltensanalyse erstellt werden und erst danach sollen symptombezogene Übungen mit einbezogen werden. Die Entwicklung klarer und spezifischer Therapieziele ist ebenso notwendig. Durch erlebte konkrete Veränderung steigt die Motivation, die Therapie weiter zu verfolgen. Es muss auf alle Zwangsrituale verzichtet werden – auch auf die nicht sichtbaren kognitiven Rituale. Die Konfrontationsübungen müssen über einen Zeitraum von mehreren Wochen auch eigenständig als Hausaufgabe weiter durchgeführt werden.

Auch mentales Training kann hilfreich sein. Indem sich vorher in der Vorstellung mit einem Thema auseinandergesetzt wird, kann die Bewältigung der gefürchteten Situation erleichtert werden. Wenn es sich um Schuldgefühle handelt, die eine Person durch

Zwänge versucht zu kompensieren, kann eine Konfrontationstherapie nicht helfen. Hier müssen die moralischen Standards der Person eingehender beleuchtet werden. (Morschitzky, 2009, S. 438-440)

In der medikamentösen Behandlung wird die Gruppe der Serotonin-Wiederaufnahmehemmer (SSRI) erfolgreich zur Behandlung von Zwangserkrankungen eingesetzt. Sie werden insbesondere dann genutzt, wenn die Personen auch unter Depressionen und Angstzuständen leiden. Serotonin ist ein Gewebshormon und Neurotransmitter. Die Wiederaufnahmehemmer helfen dabei, die gestörte Impulsweitergabe wieder ins Gleichgewicht zu bringen. Sie machen weder abhängig noch beeinträchtigen sie das Reaktionsvermögen. Ob sie die gewünschte Wirkung erzielen, kann nach circa einer acht- bis zehnwöchigen Einnahme festgestellt werden. (Deutsche Gesellschaft Zwangserkrankungen e.V., 2023)

Auch die Achtsamkeitsbasierte Therapie hat sich bei Zwangsstörungen als hilfreich erwiesen. Die freundliche, nicht wertende Betrachtung mentaler Prozesse, wie sie in der Achtsamkeitspraxis vermittelt wird, kann Personen dabei helfen, die sich immer wieder aufdrängenden Gedanken und Gefühle wahrzunehmen und auch zu spüren, dass sie wieder abnehmen. (Buchbinder, Eidmann, Heetderks, Huppertz, & Teuscher, 2021, S. 69-73)

Literaturverzeichnis

Achouri, C. (2015). *Human Recources Management* (2. Aufl.). Wiesbaden: Springer Fachmedien. doi: 10.1007/978-3-8349-4740-6

Addiction Research Center. (2023). *Sensation Seeking Scale.* Zugriff am 14.01.2023. Verfügbar unter https://arc.psych.wisc.edu/self-report/sensation-seeking-scale-sss/

Asendorpf, J. (2019). *Persönlichkeitspsychologie für Bachelor* (4. Auflage). Berlin: Springer Verlag. doi: 10.1007/978-3-662-57613-7

Barrick, M. R., Mount, M. K., & Judge, T. A. (2001) *Personality and performance at the beginning of the new millennium: What do we know and where do we go next? International Journal of Selection and Assessment,* (S. 9-30).

Beauducel, A., & Roth, M. (2003). Methoden zur Erfassung von Sensation Seeking - Versuch einer Systematik. In M. Roth, & P. Hammelstein (Hrsg.), *Sensation Seeking - Konzeption, Diagnostik und Anwendung* (S. 128) Hogrefe.

Becker, B., & Zwank, J. (2021). *Grundlagen der differentiellen und Persönlichkeitspsychologie.* Riedlingen: SRH Hochschule.

Buchbinder, C., Eidmann, M., Heetderks, G., Huppertz, M., & Teuscher, J. (2021). Achtsamkeit bei Depressionen und Angststörungen. In M. Huppertz (Hrsg.), *Achtsamkeitsbasierte Therapie und Beratung: Zur Anwendung von Achtsamkeit in verschiedenen psychosozialen Kontexten* (S. 69-87). Frankfurt am Main: Mabuse-Verlag.

Deutsche Gesellschaft Zwangserkrankungen e.V. (2023). *Welche Medikamente können helfen?* Zugriff am 15.01.2023. Verfügbar unter https://www.zwaenge.de/therapie/medikamente/

Deutsche Gesellschaft Zwangserkrankungen e.V. (2023). *Welche Psychotherapie hilft?* Zugriff am 15. 01. 2023). Verfügbar unter https://www.zwaenge.de/therapie/psychotherapie/ abgerufen

Dorsch Lexikon der Psychologie. (2023) *Definition von Ängstlichkeit.* Zugriff am 14.01.2023). Verfügbar unter https://dorsch.hogrefe.com/stichwort/aengstlichkeit

Hensch, T., & Strobel, A. (2020). Differenziellpsychologische Perspektive in der Klinischen Psychologie. In J. Hoyer, S. Knappe, J. Hoyer, & S. Knappe (Hrsg.), *Klinische Psychologie & Psychotherapie* (S. 201). Berlin, Heidelberg: Springer. doi: 10.1007/978-3-662-61814-1

Hossiep, R., & Weiß, S. (April 2017). Testverfahren II: Persönlichkeit und personenbezogene Attribute. In D. E. Krause (Hrsg.), *Personalauswahl* (S. 168-170). Wiesbaden: Springer Gabler. doi: 10.1007/978-3-658-14567-5

Hungenberg, H., & Wulf, T. (2021). *Grundlagen der Unternehmensführung* (6. Auflage). Wiesbaden: Springer Gabler. doi:10.1007/978-3-658-35423-7

Kanning, U. P. (2019). *Managementfehler und Managerscheitern* (1. Auflage). Berlin, Heidelberg: Springer. doi: 10.1007/978-3-662-59386-8

Lorenz, T., & Oppitz, S. (2007). *30 Minuten für Profilierung durch Persönlichkeit* (6. Auflage). Offenbach: Gabal.

Möller, A., & Huber, M. (2003). Sensation Seeking - Konzeptbildung und -entwicklung. In M. Roth, & P. Hammelstein (Hrsg.), *Sensation Seeking - Konzeption, Diagnostik und Anwendung* (S. 5). Göttingen: Hogrefe.

Maltby, J., Day, L., & Macaskill, A. (2011). *Differentielle Psychologie, Persönlichkeit und Intelligenz* (2. Auflage). Pearson.

Morschitzky, H. (2009). *Angststörungen*, 4. Auflage. Wien NewYork: Springer. doi:10.1007/978-3-211-09449-5

Neyer, F., & Asendorpf, J. (2018). *Psychologie der Persönlichkeit* (6. Auflage). Berlin, Heidelberg: Springer. doi: 10.1007/978-3-662-54942-1

Pätzmann, J. U., & Genrich, R. (2020). *Employer Branding mit Archetypen*. Wiesbaden: Springer Gabler. doi:10.1007/978-3-662-54942-1

Rauthmann, J. F. (2017). *Persönlichkeitspsychologie: Paradigmen - Strömungen - Theorien*. Berlin, Heidelberg: Springer. doi: 10.1007/978-3-662-53004-7

Roth, M., & Hammelstein, P. (Hrsg.). (2003). *Sensation Seeking - Konzeption, Diagnostik und Anwendung*. Göttingen: Hogrefe.

Salkovskis, P. M., Ertle, A., & Kirk, J. (2019). Zwangsstörung. In J. Margraf, & S. Schneider (Hrsg.), *Lehrbuch der Verahltenstherapie* (S. 68). Berlin, Heidelberg: Springer. doi:10.1007/978-3-540-79543-8

Schmidt, A. (2003). Sensation Seeking und delinquentes Verhalten. In M. Roth, & P. Hammelstein (Hrsg.), *Sensation Seeking - Konzeption, Diagnostik und Anwendung*. (S. 214-231) Göttingen: Hogrefe.

Schmidt-Atzert, L., Krumm, S., & Amelang, M. (2022). Diagnostische Verfahren. In L. Schmidt-Atzert, S. Krumm, & M. Amenlang (Hrsg.), *Psychologische Diagnostik* (S. 361-363) Berlin, Heidelberg: Springer. doi:10.1007/978-3-662-61643-7

Schmithüsen, F., & Krampen, G. (2015). Persönlichkeitspsychologie. In F. Schmithüsen (Hrsg.), *Lernskript Psychologie - Die Grundlagenfächer kompakt*. (S. 295) Berlin, Heidelberg: Springer. doi: 10.1007/978-3-662-44941-7

Simon, W. (2007). *Gabals großer Methodenkoffer Persönlichkeitsentwicklung*. Offenbach: Gabal Verlag.